DISCOURS

PRONONCÉ

À L'ÉCOLE ROYALE DES BEAUX-ARTS

LE 25 NOVEMBRE 1856

POUR LA FÊTE ANNIVERSAIRE DE SON ÉTABLISSEMENT
A L'OCCASION DE LA ONZIÈME DISTRIBUTION DES PRIX DU
CONCOURS, ET DE L'EXPOSITION DES TRAVAUX
DES ÉLÈVES

PAR M. LYSANDRE KAFTANGIOGLOU

ARCHITECTE, MEMBRE DE L'ACADÉMIE DES BEAUX-ARTS DE SAINT-LUC A ROME,
DE MILAN, ETC., ETC.

TRADUIT EN FRANÇAIS PAR D. N.

AVEC UNE INTRODUCTION PAR LOUIS ÉNAULT

PARIS

DE SOYE ET BOUCHET, IMPRIMEURS
PLACE DU PANTHÉON, 2.

1857

DISTRIBUTION DES PRIX

A

L'ÉCOLE ROYALE DES BEAUX-ARTS D'ATHÈNES

DISCOURS

PRONONCÉ

A L'ECOLE ROYALE DES BEAUX-ARTS

LE 25 NOVEMBRE 1856

POUR LA FÊTE ANNIVERSAIRE DE SON ÉTABLISSEMENT
A L'OCCASION DE LA ONZIÈME DISTRIBUTION DES PRIX DU
CONCOURS, ET DE L'EXPOSITION DES TRAVAUX
DES ÉLÈVES

PAR M. LYSANDRE KAFTANGIOGLOU

ARCHITECTE, MEMBRE DE L'ACADÉMIE DES BEAUX-ARTS DE SAINT-LUC A ROME,
DE MILAN, ETC., ETC.

TRADUIT EN FRANÇAIS PAR D. N.

AVEC UNE INTRODUCTION PAR LOUIS ÉNAULT

PARIS

DE SOYE ET BOUCHET, IMPRIMEURS
PLACE DU PANTHÉON, 2

1857

INTRODUCTION

Un jour que je me promenais par les rues d'Athènes,
sous la conduite aimable de ce vieux et célèbre Pittakis,
le plus savant et le plus courtois des cicerone qui aient
jamais fait les honneurs d'une ville à l'étranger, laissant der-
rière nous la lanterne de Démosthène, qu'il ne faut pas
confondre avec celle de Diogène, et la rue de Thémistocle,
et ce beau palmier qui balance son régime de fruits d'or
sur la grande voie qui conduit du Basilicon du roi Othon au
Pirée, nous arrivâmes, hors des faubourgs, à une grande
maison dans les champs.

Nous frappâmes à une petite porte que nous ouvrit bientôt un jeune Grec en fustanelle blanche et en calotte
rouge.

— Où allons-nous ? demandai-je à mon guide.

— Nous sommes dans la jeune Athènes, me dit-il ; vous
descendez de l'Acropole, vous avez vu le marbre immortel ;
vous avez contemplé les dieux à qui Phidias a donné l'é-
ternité humaine ; oubliez pour un instant toutes ces merveilles qui font la joie des artistes, la gloire de la Grèce, et
qui seront toujours la splendeur du monde, et voyez maintenant les courageux efforts des enfants qui veulent remon-
ter jusqu'à leurs pères.

Ayant ainsi parlé, de cette façon presque antique qui, à deux pas de l'Agora, n'est plus que de la couleur locale, M. Pittakis, me fit entrer dans de vastes salles consacrées au travail artistique sous toutes les formes, depuis le dessin à peine indiqué par un trait léger, jusqu'à la statue aux draperies peintes et aux yeux de chrysolithe, ressouvenir de la Minerve du Parthénon.

Une chose me frappa surtout, et j'en retrouve encore l'impression consignée dans mes notes de voyage : c'est le caractère de profonde unité des diverses études en cette école. Peintres, dessinateurs et sculpteurs, s'efforcent de revenir à ce type normal du beau, trouvé, en un moment suprême, par le grand siècle de Périclès, qui fut comme l'éclosion et la fleur de la Grèce. L'idéal humain, si longtemps cherché, un instant réalisé, devint la règle de l'avenir, et son imitation fut le but avoué de tout ce qui s'honora du nom d'artiste.

Ce n'est point ici le lieu d'examiner si cette imitation fut heureuse partout ; si chaque peuple, comme il a son ciel et son climat, n'a point en lui-même l'idéal particulier de sa propre beauté, qu'il doit chercher, découvrir et manifester à son tour, se servant de la Grèce comme d'un enseignement, et non comme d'un modèle. Mais, quoi qu'il en soit, pour les Athéniens d'aujourd'hui, si semblables à ceux d'autrefois. l'idéal est resté le même, et c'est toujours chez Phidias qu'ils le trouveront.

Je revis donc avec joie son œuvre presque entier dans les salles de l'École royale des Beaux-Arts d'Athènes, incessamment contemplé par une population d'élèves, studieuse et ardente. Je me promis de lui payer un jour le tribut d'un souvenir sympathique, et c'est avec empressement que je saisis l'occasion de tenir parole. Qui que nous soyons, d'ailleurs, nous devons tous beaucoup à la Grèce, qui fut la première maîtresse de nos jeunes années ; parler

— 9 —

d'elle avec reconnaissance, c'est faire acte de piété filiale et
payer en quelque sorte la vieille dette de la civilisation eu-
ropéenne.

Athènes et la Grèce tout entière viennent de célébrer,
avec la solennité d'une fête nationale, la réouverture des
travaux de la nouvelle année classique à l'École royale des
Beaux-Arts, et la distribution des prix de l'année précé-
dente.

Le Roi, au retour de son voyage près de la famille royale
de Bavière, a voulu honorer la cérémonie de sa présence.
Il a dû traverser pour se rendre aux bâtiments de l'École
les flots d'une multitude empressée, qui accourait pour le
voir, avec des acclamations enthousiastes.

A son entrée dans la grande salle de l'École, le Roi a été
accueilli par de nombreux vivat et au chant de l'hymne
national, entonné en chœur par tous les élèves, et dont la
musique se rapproche plutôt de la mélodie douce du *God
save the Queen* que du rhythme entraînant et belliqueux de
la Marseillaise :

Tho ligiron spati mou.

« O mon sabre tranchant et flexible, et toi, l'oiseau
noir, mon fusil pesant, c'est vous qui avez fauché et fou-
droyé l'ennemi, pour ressusciter la patrie. »

Le Roi, après avoir salué avec une émotion heureuse, a
bientôt pris place au fauteuil qui lui avait été préparé sur
une estrade, et la parole a été donnée à M. le directeur
de l'École, Lysandre Kaftangioglou (il y a encore à Athènes
des hommes qui s'appellent Lysandre, Thémistocle et Mil-
tiade).

M. Lysandre Kaftangioglou (1), qui dirige avec autant de

(1) M. Lysandre Kaftangioglou est le frère de M. Lysimaque-Kaftan-
gioglou Tavernier, l'habile et honorable consul de France à Bagdad, où
il a laissé d'excellents souvenirs, et dont nos compatriotes voyageurs se

zèle que d'habileté l'École royale des Beaux-Arts, est lui-même élève et membre de cette académie de Saint-Luc de Rome, dont l'influence s'est fait ressentir jusqu'en Grèce. Son discours a captivé constamment l'attention d'un auditoire choisi, dans lequel on remarquait les ministres, les grands dignitaires de l'Etat, les principaux personnages de la ville, et les plénipotentiaires accrédités près de la cour d'Athènes. Le savant directeur a retracé, dans une esquisse rapide, les destinées de son École. Depuis dix ans qu'il en est le chef, elle a reçu de constantes améliorations, et aujourd'hui elle compte près de cinq cents élèves. L'École des Beaux-Arts est du reste en même temps une sorte d'école des Arts et Métiers, et les industries utiles peuvent s'y recruter aussi bien que les professions élégantes. L'artiste ne craint point déroger en y coudoyant l'artisan. M. Kaftangioglou a su appeler adroitement la protection du gouvernement (mais la présence du Roi n'en était-elle point un gage déjà?) sur cette institution bienfaisante et modeste qui a déjà rendu au pays tant de services vrais, et dont nous avons pu apprécier les produits à notre Exposition universelle. Depuis moins de cinq ans, de généreux bienfaiteurs ont légué plus d'un million à l'École des Beaux-Arts. Prudemment administrés, et sans être jamais détournés de leur but, les revenus de ces fonds suffiraient à entretenir et à développer ce recommandable établissement; car, ainsi que l'a fait judicieusement observer M. Kaftangioglou, ce n'est point par des dépenses passagères et souvent inopportunes, c'est par la régularité assurée de tous les services, c'est par l'émulation, les concours et les prix,

rappellent l'accueil toujours bienveillant. Fils d'une Française, M. Kaftangioglou aimait la France comme une mère d'adoption. Ses services signalés dans les consulats lui ont mérité la naturalisation exceptionnelle établie par le sénatus-consulte de 1808, distinction hors ligne comme les traits de dévouement et les actions d'éclat qu'elle rappelle.

que l'on pourra un jour ramener, fixer peut-être les beaux-
arts dans cette Grèce qui fut leur première patrie euro-
péenne.

Je suis heureux, pour mon compte, de servir d'écho à
ce discours : car, dans l'*Exposé*, si remarquable d'ailleurs,
à plus d'un titre, que le ministre des affaires étrangères,
M. Rangabé, vient d'adresser aux puissances étrangères, je
n'ai rien vu qui signalât l'existence de l'École des Beaux-
Arts. Il ne faut point cependant qu'elle soit ignorée de la
France, non plus que rien de ce qui peut affermir et aug-
menter la sympathie qu'elle a rendue à la Grèce.

Après le discours du directeur, la distribution des prix a
bientôt commencé, et le Roi a daigné poser de sa main la
couronne de laurier sur le front de MM. George Phitalis,
Lazare Phitalis et Spiridion Chatsogianopoulos, qui ont
remporté les grands prix de peinture et de sculpture, fon-
dés il y a quelques années par un citoyen vraiment dévoué
aux intérêts les plus chers de son pays, M. Contostaulos.

Après la cérémonie, le roi a parcouru les salles de l'exposition, examinant avec soin les travaux des élèves, et faisant
preuve à chaque instant de ce sentiment artistique et de ce
goût du beau et du vrai qui est comme la qualité distinc-
tive et la vertu héréditaire de sa famille. A plus d'une re-
prise, Sa Majesté a exprimé à M. le directeur des Beaux-
Arts sa satisfaction des progrès accomplis par les élèves
de l'École.

Mais la fête était partout, au dehors comme au dedans,
à l'intérieur de l'École et sur les places qui l'environnent. La
fête savante devenait une fête populaire. Le soleil, sans qui
rien n'est parfait, et avec qui tout est beau, versait sur la
ville entière l'or et la pourpre de ses rayons. C'était une
des plus magnifiques journées de ces beaux automnes de
l'Orient, qui valent nos étés ; car tandis que déjà nous gre-
lottons sous les premières neiges, les cactus d'Athènes sont

en fleurs dans le *jardin* de la Reine. Une légère lueur lilas, pareille à celle qui caresse, vers le soir, le Vésuve napolitain, courait en frissonnant sur les sommets du Lycabète, pendant que l'Acropole, couronnée de temples, rayonnait dans les splendeurs du couchant : les musiques militaires jouaient leurs plus beaux airs sous les arbres de Patissia ; le peuple se répandait partout, causant des vainqueurs du matin et discutant le mérite des ouvrages exposés, avec cette finesse de vues et cette sagacité de jugement que lui ont transmises ces marchandes de légumes de l'ancienne Athènes qui critiquaient une faute d'accent dans la bouche d'un orateur.

C'est là, du reste, un des traits les plus originaux, et, j'ose le dire, des plus louables de la population athénienne, que ce goût si passionné pour les choses de l'esprit. Toujours elle y joint ce respect et cet amour ardent du passé qui se traduit parfois chez les gens du peuple d'une façon piquante. Je me rappelle qu'un jour, parcourant les îles du Péloponèse avec un patron de barque, qui avait peut-être été pirate, au temps où il était permis de l'être, pendant la guerre sacrée de l'indépendance : *Do's me nero'*, lui dis-je, donne-moi de l'eau.

Nero! reprit-il en me passant la jarre en terre d'Eleusis ; Nero ! oui, c'est bon pour moi... Mais quand vous demanderez à boire à mon fils, il faudra lui dire : *Do's me ydor!*

Ydor est en effet le mot de la langue classique, et *nero*, que j'avais le tort d'employer, n'est qu'une expression vulgaire. Mais la langue classique, par un effort de chaque jour, tend à se substituer au patois corrompu et formé de dix idiomes, parlé sous l'oppression de la conquête. Et n'est-ce point une heureuse langue vraiment, celle qui nous donne ainsi l'exemple unique d'une résurrection glorieuse après des siècles de barbarie et d'oubli ! On retourne à elle par admiration, et elle redevient populaire après avoir été classi-

que. Les peuples nouveaux font leur langue ; les Grecs re-
nouvelés retrouvent la langue de leurs pères. Ils ont voulu
la reconquérir après la liberté, comme s'ils eussent craint
de la profaner, en la parlant d'une bouche esclave.

La journée du 7 décembre laissera un long souvenir dans
Athènes : il était juste qu'elle ne passât point inaperçue
pour nous.

C'est ainsi que je rendais compte il y a quelques mois
de la distribution des prix à l'Académie royale des Beaux-
Arts d'Athènes. Personne ne sentait mieux que moi combien ces lignes rapides étaient insuffisantes. Je suis heureux
de faire aujourd'hui ce que je ne pus faire alors, et en publiant l'excellente traduction du discours de M. Lysandre
Kaftangioglou, par M. Néocosme, d'offrir aux amis des arts
le tableau frappant des travaux et des efforts accomplis pour
la régénération de la Grèce.

La Grèce, depuis son glorieux réveil, a projeté dans tous
les sens le vif rayon de son intelligence : elle a tenté le progrès dans toutes les voies. Le monde qui pense et se souvient
suit chacun de ses pas avec un intérêt sympathique. Pendant que l'invasion barbare passait sur la civilisation occidentale, les Grecs gardèrent seuls le dépôt des traditions
antiques. L'art moderne est né de l'art byzantin, transporté
en Italie, et modifié par le génie de la race italienne. Mais
pendant que l'Europe renaissait par la Grèce retrouvée, la
Grèce, ployée sous le cimeterre, achevait lentement de
mourir. On le croyait du moins.

Et pourtant, les voyageurs qui visitaient l'Orient retrou-
vaient toujours chez la race grecque le sentiment profond
de l'art ! Les moindres détails de la vie vulgaire montraient
encore le respect et le culte de la forme ; le sentiment du

beau se retrouvait partout : dans le dessin d'une broderie, simple, mais correct, dans l'harmonie des couleurs ou l'élégance de la coupe d'un costume, dans la grâce d'une coiffure de femme, dans les allures, dans le langage, dans la démarche.....

Incessu patuit dea !

Cependant aucune production ne pouvait manifester ce sentiment. Il n'existait alors qu'une seule classe d'artistes, les peintres d'images, condamnés à la copie éternellement servile des types byzantins. Ceux qui se sentaient une vocation plus hardiment décidée partaient pour l'Espagne, comme Shéotokopoulis, ou pour l'Italie, comme Aliense. Mais ils étaient à jamais perdus pour la patrie : ils emportaient sa gloire avec eux.

Mais, comme dit le poëte,

Magnus ab integro seclorum nascitur ordo !

L'Europe entendit l'écho de Navarin. Il y eut encore une Grèce. Le gouvernement du nouveau roi, qui avait tout à créer, se souvint d'Apelles et de Phidias, et il organisa l'enseignement des beaux-arts. Des élèves, pensionnaires de l'Etat, furent envoyés à l'étranger. Ils venaient nous redemander ce que nous avions reçu de leurs pères ; plusieurs d'entre eux ont acquis déjà la renommée, sinon la gloire. Nous avons entendu citer avec éloge le nom de Vrysachis à Munich, de Georges Miniatis à Florence, et, dans un récent voyage, à l'Exposition de 1856 à Venise, nous avons vu d'excellents tableaux et de charmants dessins de M. Spiridion Giallinas, le même qui compose aujourd'hui une grande Cène pour la cathédrale d'Athènes.

Mais nous n'avions pas encore cette vue d'ensemble qui

permet d'apprécier d'un coup d'œil et la grandeur des efforts
et l'importance des résultats.

Le discours de M. Kaftangioglou est un document authentique et complet. C'est le programme officiel de la Grèce artistique. Voilà pourquoi nous avons voulu le publier. Faire connaître, c'est quelquefois faire aimer.

Louis ENAULT.

DISCOURS

Depuis la fondation des concours, dix années se sont écoulées pendant lesquelles les premiers et précieux germes de la culture des beaux-arts ont été jetés sur cette ancienne terre de la Grèce, qui a excellé dans tous les genres de perfection. Aujourd'hui commence une ère nouvelle pour les progrès des arts, et en l'inaugurant, cette année, par la cérémonie qui a eu lieu tous les ans dans cette École, nous croyons de notre devoir de rendre des actions de grâces au Très-Haut pour l'heureux retour de notre auguste souverain, ami généreux et protecteur des arts, dont la présence ici, non-seulement rehausse l'éclat de cette solennité, mais affermit encore par sa puissante protection l'espoir de conquérir des adeptes de l'art que nos pères nous ont transmis.

J'éprouve un vif sentiment de joie en voyant cette

2

respectable assemblée plus nombreuse que jamais; ce concours de spectateurs révèle clairement combien chacun ici est jaloux de voir les arts progresser, et il est la preuve la plus évidente que cette École répand le sentiment du beau. Ce sentiment, je l'espère, sera bientôt général, et alors le public deviendra comme jadis un juge éclairé. Comment le public peut-il s'assurer des progrès actuels, sinon par la comparaison du passé avec le présent? Plusieurs d'entre nous, ayant assisté à la première exposition qui a eu lieu, il y a dix ans, en Grèce, peuvent facilement, par le nombre, la diversité et le mérite réel des ouvrages exposés, juger et reconnaître que les progrès de la Grèce dans les arts marchent heureusement, non suivant une progression arithmétique, mais suivant une proportion vraiment géométrique. Qui de nous ne se souvient qu'à la première exposition, il vit à peine quelques faibles copies de gravures et de lithographies exposées dans une petite salle, tandis qu'aujourd'hui nous voyons toutes les salles non-seulement remplies, mais encore insuffisantes pour donner une place plus convenable aux œuvres, non plus de quelques élèves, non plus à de simples copies, mais aux travaux originaux d'artistes, dont la plupart ont étudié dans cette École pendant la période qui vient de s'écouler, travaux qui ont justement mérité l'admiration et les éloges des artistes étrangers? Qui de nous assistant alors à l'ouverture de l'exposition n'aurait pas désespéré du retour des arts dans la Grèce, s'il n'eût eu profondément enracinée dans le cœur, la confiance intime patriotique que le commencement

de toute œuvre est difficile, et qu'une fois l'œuvre
commencée, avec de là patience et de la persévé-
rance, on atteint inévitablement le but ? Les anciens
disaient : « Le commencement est la moitié du tout »
(ἀρχή τό ἥμισυ τοῦ παντὸς), et les modernes, mar-
chant avec courage dans la carrière qu'ils se sont frayée,
et certains d'atteindre le but où ils dirigent tous leurs
vœux, ajoutent : «A beau commencement belle fin ! »
(Καλῆς ἀρχῆς καλόν τὸ τέλος), semblables au labou-
reur qui, traçant péniblement son premier sillon pour
y jeter la semence nourricière, ne songe qu'à préparer
ses greniers, sans se soucier des caprices du sol, de
la saison et du temps qu'il a à attendre. Qui de
nous se serait imaginé que dans un si court intervalle
de temps, malgré la plus grande pénurie, malgré ces
grands obstacles inévitables dans toute nouvelle en-
treprise, l'art dût non-seulement renaître et refleurir
en Grèce, mais encore donner de tels fruits, que les
ouvrages par elle envoyés aux expositions univer-
selles, non-seulement annoncèrent aux artistes de
l'Europe occidentale la renaissance de l'art grec,
mais encore donnèrent la preuve de ses succès et un
gage de ses progrès futurs ? Lequel parmi ceux qui
sont tout à fait étrangers aux choses de l'art (1), qui

(1) « Οἴει ἂν οὖν ηττὸν τι ἀγαθὸν ζωγράφον εἶναι, ὃς εἴν
γράφας παράδειγμα οἷος ἂν εἴη ὁ κάλλιστος ἄναθρωπος, καί πάντα εἰς τὸ
γράμμα ἱκανῶς ἀποδοὺς μῆ ἔχοι ἐπιδεῖξαι ὡς καὶ δυνατὸν γενέσθαι
τοιοῦτόν ἄνδρα. » (Πλατ. Πολ. Ε'.)

De Montabert, *Traité complet de la peinture*; Paris, 1829,
p. 249 :

« L'artiste finira même par égaler les anciens, pour lesquels

ne connaissent point les conseils de l'ancien maître et illustre peintre Eupompe (1), et qui ignorent les préceptes de Bartolin de Florence l'illustre sculpteur aux jeunes Grecs qui se livrent aux beaux-arts (2),

imiter la nature et exprimer la beauté était une seule et même chose. »

(1) *Recherches sur l'art statuaire*, Paris, 1805, p. 293; « Lysippe demandait à Eupompe : Quel maître dois-je imiter?

La nature, lui répondit Eupompe en lui mon'rant des hommes. (Plin,, lib. xxxiv, cap. 8.)

« Ce mot seul du chef de l'Ecole de Sicyone fait connaître l'opinion des artistes grecs : ce mot suffit pour renverser, au sujet de l'idéal, le système des modernes.

Οὕτω δὲ καί ὁ Θεοδώρητος (Λόγ. Γ".)

« Ἀρχέτυπον τῆς τέχνη ἡ φύσις, ἴνδαλμα δέ τῆς φύσεως ἡ τέχνη. »

(2) H. Delaborde, *Revue des Deux-Mondes*, t. XI, 15 sept. 1855, sculpteurs modernes :

«L. BARTOLINI. Oui, Monsieur, je l'ai dit : tout dans la nature a sa beauté, eu égard au sujet qu'il s'agit de traiter ; oui, je l'ai dit encore, quiconque se sera rendu capable d'imiter pleinement la nature, saura tout ce qu'un artiste doit savoir.

« Les Grecs furent d'excellents statuaires, parce que la religion leur ordonnait de montrer dans l'effigie de leurs dieux le type complet de la beauté humaine; ils durent donc apprendre avant tout à copier la nature, et ceux qui surent le mieux l'imiter s'immortalisèrent.

« Quant à vous autres Grecs, en venant étudier parmi nous, vous ne ferez que vous tromper à votre tour, vous rapporterez dans votre pays les détestables fruits de l'esthétique germanico-italienne, et vous ne pourrez avoir l'espoir de redevenir ce que vous avez été. Contentez-vous donc d'imiter la nature vivante ; vous atteindrez ainsi le sublime dans l'art, et nous serons obligés de vous admirer, en regrettant les méprises où nous ont jetés nos prétendues conquêtes. »

et qui enfin n'ont entendu les maximes et les principes professés par l'illustre David d'Angers dans
notre École, pendant son séjour ici ; lequel d'entre
eux, dis-je, aurait cru qu'avant dix ans il verrait des
tableaux et des statues aussi remarquables sortir des
mains de jeunes artistes qui, non-seulement n'ont
pas eu le bonheur de visiter les musées et les salons
de l'Europe, mais qui n'ont reçu d'autre enseignement
que celui de cette École, et qui ont été privés de tout
concours ou conseil, sans qu'aucune personne amie
des arts ait cherché à réveiller en eux, pour ainsi
dire, l'étincelle cachée dans leur cœur, ait travaillé à
les perfectionner dans les arts ? Qui de nous comparant, je ne dis pas la première ou la seconde exposition, mais celle de l'année dernière avec celle d'aujourd'hui, et mettant en parallèle les ouvrages de
cette année avec ceux des années dernières, qui de
nous encore aurait jamais supposé qu'il pût voir aujourd'hui une si grande perfection ?

L'art subit la loi commune de la nature dans ses
progrès comme dans sa marche rétrograde ; il marche
régulièrement, soit qu'il avance, soit qu'il recule,
toujours en obéissant à une cause naturelle ; c'est pourquoi je pense qu'il est nécessaire d'expliquer à l'honorable assemblée qui m'entoure, ce que peut-être
elle trouve de mystérieux dans les progrès inattendus
des jeunes artistes, pendant le cours de cette année.
Ce mystère est le résultat du concours et de la noble
lutte engagée entre les jeunes artistes, pour mériter
les récompenses destinées aux vainqueurs ; voilà par
quel secret nos ancêtres sont parvenus au plus haut

degré de perfection qu'il soit possible d'atteindre;
c'est-à-dire que les concours ont été les principales
causes pour lesquelles les anciens artistes grecs s'il-
lustrèrent et le principal levier de leur grandeur.

Notre respectable gouvernement, dans le but d'en-
conrager et de protéger cette École, lui accorda en
l'érigeant une subvention de 350 drachmes (1) pour
être distribuées aux élèves, à titre de secours; mais tant
que ce secours ne fut accordé qu'à la faveur et à la
recommandation, l'art resta stationnaire, et une ex-
périence de plusieurs années nous permet d'assurer
que les élèves privilégiés se sont montrés, comparati-
vement, inférieurs à leurs condisciples, de sorte que,
jusqu'en 1845, presque aucun d'eux ne s'était distin-
gué dans la carrière des arts et n'avait fait preuve du
plus faible talent. Après le rétablissement du concours,
quand une noble lutte fut engagée, quand une juste et
impartiale distribution des récompenses fut assurée
aux concurrents, l'École a pu arriver peu à peu à un
tel degré de force, que les ouvrages des élèves soumis
depuis deux ans au jugement des connaisseurs étrangers, non-seulement furent trouvés dignes des ouvrages exposés chaque année dans les diverses académies des beaux-arts, mais que même quelques-uns
d'entre eux les surpassèrent. Cependant à la fin de la
période des concours annuels, c'est-à-dire quand ils
achevaient leurs études, pendant lesquelles ils avaient
droit aux concours et à quelques subsides, les jeunes
artistes, au moment où ils avaient besoin de protec-

(1) La drachme vaut 91/100mes. (*Note du Traducteur.*)

tion et d'encouragement, restaient encore privés de tout soutien et de tout secours pour mettre en pratique l'instruction qu'ils avaient reçue, et donner des preuves de leur talent ; le pire de tout, c'est que, le concours leur faisant défaut, l'étincelle qui était cachée en eux s'éteignait ; découragés par l'absence de toute ressource, ils dirigeaient leurs facultés d'un autre côté, au moment où ils auraient dû révéler leur talent par leurs œuvres. L'introduction des beaux-arts semble avoir été considérée par nous comme une chose prématurée, peut-être, et presque superflue, ainsi que les considérait à Sparte la législation de Lycurgue (1). C'est pourquoi ils n'ont paru parmi nous que sous une enveloppe grossière, pour ainsi dire, et sous un déguisement étranger ; c'est peut-être pour cela que jusqu'ici le nombre de nos riches compatriotes du dehors qui se montrèrent chaleureux protecteurs des progrès des beaux-arts dans la Grèce, a été si petit. Mais pour comprendre toute l'étendue du mal que cette indifférence pour les arts cause à la société grecque ayons toujours présente à l'esprit cette sage parole de l'illustre Montabert (2) : « Haïr la beauté, c'est haïr la vertu. »

(1) Πλουταρχ. ἐν Λυδοúρ. (Plutarque, *Vie de Lycurgue.*)

(2) De Montabert, t. III, p. 342 : « La haine pour le beau, la haine pour les beaux-arts est une vraie calamité, même pour la religion, puisque les temples des dieux, enlaidis ou défigurés par l'insouciance et le mauvais goût, n'inspirent plus... ce sentiment de divinité... qui est un des soutiens de la religion. Enfin cette haine est une calamité pour la société, puisque haïr la beauté, c'est haïr la vertu. Toutes les fois

Pénétré de l'absence d'encouragements nécessaires aux jeunes artistes qui ont terminé leurs études, le patriote Alexandre Contostaulos, qui a demeuré plusieurs années dans les pays où les beaux-arts sont en honneur, et désirant ardemment voir notre patrie reconquérir la gloire que nos ancêtres ont acquise dans les arts, prit le généreux parti de venir au secours de ces jeunes artistes, et établit un prix de 200 drachmes pour les élèves de l'Ecole qui se seront le plus distingués, ainsi que nous pouvons nous en convaincre par la lettre suivante adressée à l'administration de l'Ecole:

« MONSIEUR LE DIRECTEUR,

« La civilisation est la supériorité de l'esprit sur « la matière, ou plutôt c'est l'esprit domptant et fai- « sant plier la matière sous son joug; c'est l'esprit « forçant la matière à servir la cause de la religion « et d'un bon gouvernement; tel est aussi le privi- « lége des beaux-arts qui, soit en servant à ériger « des temples consacrés au Seigneur ou d'autres édi- « fices publics, soit en immortalisant par des écrits « ou des dessins les traits mortels des bienfaiteurs de

donc que la beauté, c'est-à-dire l'harmonie et la convenance, brillera et éclatera dans les peintures, tous les autres arts refléteront cet éclat, et les fabriques, les manufactures, les ateliers d'artisans réfléchiront le beau.

Page 247 : « L'homme insensible à la beauté est devenu tel, soit par le vice de son éducation, soit par des habitudes particulières. »

« l'humanité, concourent au maintien et à la splen-
« deur de la civilisation qui en est la mère.

« A peine notre nation a-t-elle reconquis sa liberté
« qu'elle veut par ses institutions contribuer au re-
« tour et à la propagation des beaux-arts. Cette Ecole
« érigée depuis quelque temps, est une preuve évi-
« dente de la tendance des esprits vers la régénéra-
« tion intellectuelle, et un témoignage du désir ardent
« de prendre place parmi les nations les plus civili-
« sées de notre époque.

« Animé des mêmes intentions, et considérant
« l'organisation et les besoins de l'Ecole des Arts, j'ai
« voulu, suivant mes faibles moyens, contribuer à
« encourager les jeunes élèves dans la carrière des
« beaux-arts par le concours suivant :

a) Il sera ouvert un concours pour les élèves,
en sculpture, en peinture et en architecture, depuis
l'année 1856 jusqu'à l'anné 1860, dans l'ordre suivant:

En 1856, peinture à l'huile et modelure.

En 1857, peinture à l'huile et modelure.

En 1858, dessins à l'aquarelle d'un monument ancien (architecture) et peinture à l'huile.

En 1859, architecture (dessins à l'aquarelle d'un
monument ancien), modelure.

En 1860, architecture comme plus haut, et sculpture sur bois.

Les deux lauréats de chaque année recevront chacun un prix de 1,000 drachmes.

b) Les concurrents doivent avoir fait leurs études

à l'Ecole des Arts et avoir pris part à ses concours annuels.

c) L'âge des concurrents ne doit pas dépasser 33 ans.

d) Le jury du concours se composera des professeurs de l'Ecole sous la présidence du directeur, d'un professeur d'esthétique (l'une des branches de la philosophie) pris dans l'université d'Othon. Le directeur peut adjoindre à cette commission quelques artistes étrangers d'un talent reconnu. La décision du jury devra être rendue après la délibération de tous les jurés, et à la pluralité des suffrages. En cas de partage des voix, la récompense sera distribuée aux candidats qui auront obtenu le même nombre de voix. — Si le directeur jugeait nécessaire de soumettre le jugement des ouvrages à une commission tout à fait étrangère, il pourrait le faire, après avoir toutefois convoqué les membres de ladite commission, qui feraient connaître par la voie du scrutin leur opinion sur la question soumise à leur décision.

e) Le sujet du concours sera proposé par le fondateur au jugement du directeur, qui le publiera six mois au moins avant la solennité annuelle de la distribution des prix.

f) L'ouvrage couronné deviendra la propriété de l'École et portera le nom du lauréat.

g) La somme de 2,000 drachmes sera remise au directeur au jour fixé par un programme spécial.

h) Si aucun ouvrage n'était couronné, la somme de 2,000 drachmes serait employée au profit de l'École, d'après le consentement du directeur.

« *i*) Les ouvrages achevés devront être remis huit jours au moins avant la réunion du jury.

« Le but de la fondation de ce prix est de venir « en aide, suivant mes forces, aux jeunes élèves de « l'École des Arts, tant de ceux qui appartiennent « à la Grèce qu'à ceux qui en sont éloignés.

« J'espère, Monsieur le Directeur, que vous ap- « prouverez les conditions de ce concours, et que vous « voudrez bien prendre les mesures nécessaires pour « en assurer l'exécution.

« J'ai l'honneur de vous saluer avec la considéra- « tion la plus distinguée.

« Votre ami,

« A. Condostavlos (1). »

Athènes, le 27 octobre 1855.

---

(1) L'administration répondit par la lettre suivante :

Monsieur et cher compatriote,

En réponse à votre honorée lettre, par laquelle vous établissez dans notre École, pour cinq années, de 1856 à 1860, un prix annuel de 2,000 drachmes, je vous adresse les sincères remercîments de tous les membres de l'École pour votre généreuse offrande et me fais l'interprète auprès de vous des sentiments de la reconnaissance sans bornes de tous les élèves qui étudient et ont étudié dans notre École.

Cette généreuse offrande contribuera assurément au progrès des beaux-arts dans notre chère patrie, en enflammant le zèle des artistes pour une noble lutte, en récompensant, et en développant en eux le sentiment du beau qui fut la source de la grandeur artistique de nos ancêtres, et qui enfanta ces chefs-d'œuvre admirables dont les ruines sont encore l'objet de l'admiration des générations présentes, et

Cette offrande arrive à propos, et aura les plus grands résultats pour la fortune de l'art grec dans l'avenir; aussi pouvons-nous dire avec certitude que Contostaulos, par le don de 10,000 drachmes qu'il fait aujourd'hui à l'École, a montré la voie par laquelle l'art naissant peut rapidement arriver à l'élévation où il parvint chez nos aïeux. Plaise au ciel que plusieurs autres de nos riches compatriotes partagent les désirs vraiment patriotiques de M. Contostaulos et ne laissent pas faillir un si beau commencement, surtout nos riches compatriotes qui se trouvent loin de la Grèce

---

demeureront comme des flambeaux reflétant encore leur lumière sur la civilisation moderne. Quoique l'art paraisse avoir pour objet principal le beau, il n'en contribue pas moins cependant au développement de toutes les facultés de l'homme. Il le moralise et le conduit à la vertu en l'ennoblissant et en adoucissant ses mœurs. C'est pourquoi la civilisation, base de toutes les vertus politiques, accompagne toujours les beaux-arts; et c'est à juste titre qu'on les considère comme la mesure exacte de la véritable perfection des nations; il y a donc lieu d'espérer que votre généreuse offrande en contribuant, comme nous l'avons dit, au progrès des beaux arts par les encouragements donnés aux jeunes élèves de cette École, ne contribuera pas moins au développement intellectuel de notre nation; et nous avons l'espoir encore qu'il portera plusieurs autres de nos riches compatriotes amis de l'art à suivre votre exemple, afin de raviver par de semblables récompenses le sentiment du beau et de le propager dans notre chère patrie.

Recevez, Monsieur, l'assurance de la haute considération avec laquelle j'ai l'honneur de vous saluer.

Le Directeur,
L. CAFTANGIOGLOU.

et qui viennent toujours généreusement au secours
de notre patrie par de riches dons! Plaise au ciel,
dis-je, qu'ils rivalisent de zèle et qu'ils décorent leurs
salons principalement des œuvres sorties des mains
de nos jeunes artistes, leur fournissant ainsi un moyen
de vivre honorablement et stimulant leur émulation !
Eux-mêmes et leurs enfants trouveront un moyen de
conserver plus ardent et plus vif l'amour de la patrie,
en ayant toujours devant les yeux des sujets grecs
exécutés par des artistes grecs, lesquels sujets, suivant les paroles du divin Platon (1), semblables à une
brise qui vient des meilleurs climats et apporte la
santé, répandront dans leurs cœurs les sentiments
d'un pur patriotisme.

Ainsi s'expliquent les progrès qui se révèlent dans
la présente exposition, découlant sans aucun doute
d'une vive émulation provoquée par le concours dont
nous devons l'institution à nos pères. Le concours, en
effet, imprima à l'ancienne société grecque un caractère pour lequel aucune autre nation ne peut lui être
comparée dans les beaux-arts. Un grand nombre de
législations tendaient à rendre la lutte passionnée. Le
Jugement de Pâris, la Guerre des dieux à Olympie,
l'Apollon de Delphes combattant contre Hercule pour
le Trépied, ainsi qu'un grand nombre d'autres créa-
tions de l'imagination des artistes et des poëtes con-
tribuaient à enflammer les esprits. Aussi le concours
devint-il si général en Grèce que toutes les villes

(1) « Ὥσπερ αὔρα φέρουσα ἀπόχρηστῶν τόπων ὑγίειαν. »
(Πλάτων, Πολιτ. βιδ. ς'Σετ. 77.)

avaient des jeux publics où se disputait le prix de la force et de l'esprit.

Aujourd'hui que des concours sont rétablis en Grèce, concours qui, au moins pour le moment, paraissent plus avantageux que les luttes gymnastiques de nos ancêtres, et plus en rapport avec les mœurs et les besoins de la civilisation moderne de l'Occident basée surtout sur le développement et l'encouragement des arts, dont le but élevé est de contribuer à sauvegarder la morale publique et à immortaliser par des monuments l'histoire de la nation ; de prendre sous sa tutelle et de guider l'industrie ainsi que les autres découvertes de l'esprit humain, et enfin d'enseigner d'une manière plus sensible la vertu au public ; aujourd'hui, dis-je, je pense qu'il est nécessaire d'exposer en abrégé à cette assemblée la voie qui a été suivie dans l'exécution et la répartition des divers ouvrages ; par là le public pourra contrôler et légitimer par son approbation le jugement du jury. En présence de ce juge, toutes les théories sont ébranlées et tout jugement doit s'effacer ; car, ainsi que le dit le sage Aristote : « Le peuple est le meilleur juge de l'art (1). »

Le 26 mars ayant été fixé pour l'ouverture du con-

(1) Ἄμεινον κρίνουσιν οἱ πολλοί. ('Αριστοτέλ. Πολ. β. γ' Κεφ. ζ'.) Algarotti : Oper scelt. Milan, 1823, vol. 1, p. 144. E necessario che il pittore s'imprima fortemente nell' animo, che ninno é migliore giudice dell' arte sua, quanto e' il verro dillettante e dil publico.

CIC. *De oratore*. L. III, n. 50. Omnes enim tacito quodam sensu sina nulla arte aut ratione quæ sint in artibus ac rationibus recti ac prava dijudicant.

cours, les sujets qui, suivant les intentions exprimées
par son fondateur, devaient être choisis par notre auguste Reine, ont été, au jour fixé, apportés cachetés à
l'École par M. Philippe-Jean, professeur de philosophie de l'Université, lequel a brisé le sceau en présence
de tous les concurrents. Le sujet donné pour la peinture était un *Enfant en prière*, dont l'attitude devait
exprimer l'espoir en Dieu seul ; le sujet de sculpture
était un *Berger tenant un chevreau*, et ce devait être
une figure allégorique de la simplicité de la vie pas-
torale des Grecs. Les loges furent distribuées à chacun des élèves qui prirent part au concours, et chacun
d'eux s'y renferma pendant un jour entier pour exécuter sa composition au crayon seulement. Ensuite,
chaque candidat prit une copie et remit l'original cacheté à l'administration. Les concurrents étaient au
nombre de sept ; cinq prirent part au concours de
peinture et deux à celui de sculpture ; ces derniers eu-
rent cinq mois pour exécuter leur œuvre. Le jour fixé
pour la décision du jury, chacun d'eux remit son œuvre, avec un billet cacheté, et portant sous enveloppe
le nom de son auteur ; elles furent placées dans la
salle désignée et les juges s'y réunirent pour juger des
travaux des candidats par la voie du suffrage. Pour
rendre cette décision impartiale autant que possible,
plusieurs des artistes étrangers qui se trouvaient en
Grèce, M. Boulanger, architecte, chevalier de la Lé-
gion d'honneur, ancien pensionnaire de l'Académie
française à Rome, M. L. Lantza, peintre italien, et
M. Pyrro ou Phyrus Rota, également d'Italie, furent
invités à y prendre part avec les professeurs de l'École

et le professeur de philosophie de l'Université. Ces messieurs acceptèrent avec empressement cette invitation, et remplirent avec zèle et ardeur la tâche difficile de juges pendant trois jours, examinant avec la plus scrupuleuse attention les travaux qui leur étaient soumis, tant ceux qui faisaient partie du grand concours établi par M. Contostaulos, que ceux qui appartenaient au concours annuel des autres classes de l'Ecole. C'est pourquoi, pour les remercier de la peine qu'ils ont prise en faveur des arts de la Grèce, il est de mon devoir de leur adresser aujourd'hui publiquement mes remercîments.

Les juges s'étant donc rassemblés commencèrent d'abord par le concours de la peinture, pour lequel, sur les cinq épreuves qui leur furent présentées, ils n'en admirent que trois portant les lettres A, B, C. Après un scrupuleux examen, ce fut l'épreuve portant la lettre B qui mérita leurs suffrages par sa supériorité de conception sur les autres, par son exécution plus ingénieuse, et surtout par une plus grande perfection dans les contours, et par une étude plus exacte des parties du sujet ; ce fut celle aussi qu'ils jugèrent digne du prix de 1,000 drachmes ; ils blâmèrent toutefois dans cette œuvre un choix moins heureux des traits du visage de l'enfant représenté ; car, comme le dit le philosophe Aristote : « Un original doit toujours être parfait. »

« Τὸ παράδειγμα δεῖ ὑπερέχειν. »

Toutefois ils déclarèrent que l'ouvrage du jeune peintre donnait de grandes et sérieuses espérances ; et

présageait une carrière brillante et élevée dans la
peinture en raison de la connaissance qu'il avait des
principes de l'art, et à cause d'une étude et d'une
observation exactes de la nature. Le nom ayant été
décacheté, on reconnut que l'auteur de l'épreuve qui
portait la lettre B était Spyridou Chazogionopoulos,
de Phourna d'Eurytanie, élève de cette école, digne en tous points de considération et d'encouragement.

Pour les statues présentées au concours de sculpture, les juges déclarèrent que les deux statues
inscrites sous la lettre A et B avaient été bien
conçues, que le moulage en était excellent et le travail parfait dans toutes les parties ; que si d'un côté
l'ouvrage portant la lettre A est supérieur à celui de
la lettre B pour l'idéal, ou plutôt pour le grandiose
du caractère ; que si encore il semble rappeler mieux
les œuvres des anciens ; d'un autre côté, le travail
portant la lettre B à l'avantage pour la fidélité et le
naturel de l'expression. Les deux candidats ayant
obtenu le même nombre de suffrages pour la simplicité du mouvement, la bonne disposition des plis et
la pose gracieuse et naturelle, en un mot, pour la
perfection de tout le travail, ont été proclamés dignes du prix, et, conformément au désir exprimé par
le fondateur, il a été décidé que les mille drachmes
seraient partagées par moitié entre chacun d'eux.
Les enveloppes annexées aux deux statues ayant été
décachetées, on y trouva les noms des deux frères
Georges Thytalis et Lazare Phytalis. Les juges ter-
minèrent leur séance par les paroles d'encourage-

ment qui suivent : « Les deux jeunes artistes possèdent à un haut degré les dons naturels nécessaires aux progrès de l'artiste, » et ils exprimèrent le vœu que « le gouvernement les encourageât, en les envoyant étudier les musées de l'Europe occidentale, lui donnant la certitude qu'ils excelleront un jour dans leur art, attendu que déjà ils font honneur à l'Ecole, à la patrie et à eux-mêmes. »

Voilà pour ce qui regarde le concours établi par M. Contostaulos. Il me reste maintenant, pour obéir à l'usage, non point à louer, mais à exposer encore en peu de de mots l'état actuel de l'Ecole des Arts devant notre souverain, dont la présence ici est un gage de la protection que sa bienveillance royale accorde à notre École, et devant cette nombreuse et honorable assemblée qui s'est empressée d'accourir pour assister au couronnement des lauréats, et dont le zèle est à nos yeux la preuve la plus certaine des progrès que nous faisons dans les arts. Je parlerai ensuite des concours annuels, en faisant connaître les noms des vainqueurs, en même temps que l'opinion et les observations générales du jury. Sur les 486 élèves inscrits, non compris beaucoup d'autres qui suivent les cours de chimie, de tenue des livres et de technologie, 115 se livrent aux différents arts mécaniques et industriels, 370 appartiennent aux différents colléges et maisons d'éducation de la capitale, 58 d'entre eux sont entrés en lice pour les concours annuels et ont rempli sans aide ni conseil les conditions du programme pour les sujets de composition à eux donnés.

On sait que, d'après le système suivi dans cette École pour les concours, on distribue ordinairement deux prix dans chaque classe, un qui se donne aux voix et l'autre qui se tire au sort. Mais aujourd'hui que le prix établi si généreusement par M. Contostaulos offre de nouvelles ressources à notre École et qu'il lui permet de donner un libre essor à nos espérances, l'assemblée des professeurs a jugé plus utile aux progrès de l'art de supprimer le concours annuel pour la classe la plus élevée de peinture et de sculpture, et de le fondre avec celui qui a été institué par M. Contostaulos; par conséquent, elle a décidé, avec l'approbation du ministre, que le concurrent qui obtiendrait le plus de suffrages recevrait les 1,000 drachmes du prix Contostaulos, et que les 300 drachmes données par le gouvernement à titre de subvention seraient distribuées par la voix du sort pour servir à indemniser les élèves des frais qu'entraîne l'exécution de leurs travaux.

(Ici se joint la publication du programme des concours.)

POUR 1856.

SUJETS.

A.— *Peinture*.

(Pour le prix Contostaulos.)

1° Enfant en prière, — sujet d'imagination, peinture à l'huile sur une toile de 1 m. 50 c. de hauteur, et 1 m. de largeur.

B. — *Académie*.

2. Satyre tenant Bacchus enfant, du musée des Bourbons à Naples (2° classe).

3. Buste d'Homère, du même musée (1re classe).

C. — Dessin élémentaire.

4. Athlète, copie des gravures de Morgin.

D. — Architecture et ornement.

5. Tête de lion, de l'entablement du Parthénon (2e classe).
6. Parure grecque du musée de Florence (1re classe).

E. — Modelure (prix Contostaulos).

7. Berger tenant un chevreau, statue en plâtre de grandeur naturelle ; sujet d'imagination.

F. — Sculpture sur bois.

8. Vénus, du musée des Bourbons, d'après un modèle en plâtre et réduite de moitié (3e classe).
9. Mort de M. Botzari, d'après une sculpture sur bois de Liparin.
10. Jason de Torvalsin.

G. — Gravure.

11. Diner d'Emmaüs.

H. — Architecture et perspective.

12. Pyramide sur un piédestal.

I. — Calligraphie.

13. Composition d'écriture grecque et allemande.
14. Composition d'écriture grecque et française.

Dans le présent concours il n'y a eu, suivant la coutume, que des artistes étrangers, appelés à délibérer. Ces Messieurs désignés plus loin, après avoir

examiné les travaux des élèves, en présence de
M. Spiliotatris, chef de division du ministère d'Etat,
désignèrent par la voie ordinaire du suffrage le lauréat dans chaque genre. Voici la liste des élèves qui
ont été jugés dignes de recevoir la subvention men-
suelle fixée par le concours :

Peinture.

Elèves désignés par le sort, pour le prix du concours
Contostaulos (1) ;

   1° Nicéfore Lytras, de Tine   drach.   30.
   2° Jean Sigalas, de Tine   24.

Dessin académique.

(1re Classe.)

1" Démétrius Négli, d'Astros.   17
2° Démétrius Basile, de Nauplie.   17

(2e Classe.)

1° Grégoire Athanase, d'Epire (2).
2° Jean Calophonos, d'Andros.

(1) Le prix Contostaulos de 1,000 drachmes a été mérité,
comme nous l'avons dit, par M. Sh. Catzogianopoulos, de
Phourna d'Eurytanie.

(2) Comme dans cette classe il n'y a pas eu d'autres candidats, le prix Contostaulos a été partagé entre ces élèves qui
ont reçu 500 drachmes chacun ; et le ministre jugeant qu'ils
avaient droit comme les élèves désignés par le sort à la subvention accordée par le gouvernement, ordonna à titre d'encouragement d'ajouter à la somme des 500 drachmes la subvention désignée plus haut.

Dessin élémentaire.

1° Nicolas Jyzis, de Tine.   drach.   12
2° Aristide Diplaris, de Tine.

Architecture et ornement.

(1re Classe.)

1° Athanase Grégoire, d'Epire.   20
2° Doménique Plivileggio, de Tine.   15

(2e Classe.)

1° Démétrius Scagianni, d'Athènes.   12
2° Georges Gisilas, d'Hydras.   15

Modelure.

1° Georges Phytalis, de Tine.   48
2° Lazare Phytalis.   48

Gravure sur bois.

(1re Classe.)

1° Evaggèle Gouselas, d'Epire.   14
2° Spyridon Lambratris, d'Athènes.   18

(2e Classe.)

1° Spyridon Evaggelinos, d'Egine.   22
2° Aristide Robert, d'Elvétie.   12

Classe des commençants sans subvention.

1° Constantin Baos, de Tine.
2° Jean Platys, de Tine.

Gravure sur acier.

1° Nicolas Jysis, de Tine.   16

2° Periclès Tarascenas.   14

Architecture et perspective.

1° Panagiote Démétrius, d'Epire.   25
2° Théodore Boscoudatris.

Calligraphie.

1re Classe.

1° Antoine Barberis, de Psara.   12

(2° Classe.)

1° Théodore Boscoudatris.   8

Outre les ouvrages qui ont pris part au concours, on a exposé d'autres travaux faits par les professeurs de l'École, par les élèves qui ont suivi les cours, et par des artistes et des industriels étrangers à l'École qui tous ont mérité l'admiration générale.

Voici la liste des exposants qui appartiennent à l'École :

1° Le professeur Agathaggelos : une petite chapelle en miniature d'après les restes que nous avons conservés de l'art byzantin.

2° M. Margaritis : des dessins photographiques des monuments de l'Acropole.

3° M. Sigel : de petites lampes en marbre rouge et du Pentélique.

4° M. Jean Constantin : plan de la maison du médecin M. Macca.

5° M. Chapiogiapoulos : un tableau représentant David jouant de la lyre (œuvre d'imagination) ; une copie du por-

trait de Sa Majesté, d'après M. Thirsius, et d'autres ouvrages.

6° M. Lytras : portrait d'une jeune fille en costume grec,
et un dessin à l'huile de la sainte Vierge, grandeur naturelle, copiée d'après une fresque du temple Russe.

7° M. G. Phytalis, outre la statue du Berger (grandeur
naturelle et sujet d'imagination) qui a obtenu le prix Contostaulos, a encore exposé un Gardien grec également de
son imagination.

8° M. L. Phytalis, outre la statue en plâtre qui a obtenu
le prix du concours, a également exposé un Arcadien jouant
de la flûte, en marbre ; un buste de Coraé, commandé par
l'amateur M. Ralli, du Pirée ; une statuette représentant un
ange, modèle d'une statue destinée à un édifice de Syra, et
le buste en marbre de l'illustre néophyte Bamba.

9° Le graveur sur bois M. Ph. Pemmos, élève de l'É-
cole, et l'ébéniste Saouberlitz, ont exposé un dais pour l'é-
glise de Sainte-Irène, d'après le dessin fourni par le directeur Caftangioglous.

10° Léonidas Forvis : un buste en bronze de l'amiral
Miaoulis.

11° M. Martretis : différents ouvrages de peinture.

12° M Calophonos.   »   »   »

13° M. Démétrius : différents ouvrages d'architecture et
de perspective.

14° M. Bocoudatris.   »   »   »

15° A. Roberti : différentes gravures sur bois et sur acier
et un portrait du philellène Eynard.

16° Lambratris : différentes peintures et gravures sur
acier.

17° Gonlouras.   »   »   »

18° Gyris.   »   »   »

19° Jean Platys.   »   »   »

20° G. Panagiote : gravures sur acier.

21° G. Athanase : ornements d'architecture.

22° Gizilas.   »   »

23° Meglis : Académies.

24° Basilion.   »   »

25° Phytalis.   »   »

26° Le moine Grégoire : tableau religieux.

27° Tsirigotis : un tableau représentant la sainte Vierge.

28° Théodoratris : un modèle de dessin.

29 Panos Compotis : un vaisseau.

30° Giannacopoulos : un bouquet de fleurs naturelles.

31° Pappadopoulos : des dessins religieux.

Les autres élèves ont exposé différents ouvrages.

Liste des artistes étrangers à l'École.

1° M. Tzokos, peintre de Zante : un portrait de Mme
Théophani, et différents autres portraits.

2° M. Rottas : dessins en miniature.

3° Mlle Olympias Olympio : une aquarelle.

4° Mlle Varigga Papparigopoulou : son premier dessin
à l'aquarelle

5° Mlle Myrsini Varvogli : différents ouvrages à la main.

6° M. Douroutis : des échantillons de soie, de cocons.

7° M. Bertis : différents ouvrages de reliure.

8° M. Xp. Tsantillas : des broderies en or, de sa fabrique.

9° M. Pappa Jean : plusieurs calottes, de sa fabrique.

10° MM. les frères Tsaousopoulis : différentes calottes,
de leur fabrique.

Le concours nous paraît encore cette année mani-
festement fécond en bons résultats, et nous pouvons
déjà goûter les heureux fruits que nous procure la
lutte engagée dans cette École.

Il me reste encore à faire connaître les changements et les améliorations qui ont été jugés nécessaires dans l'enseignement. Par suite de l'absence temporaire de M. Thirsius, en congé, le cours d'Académie et de peinture à l'huile a été confié provisoirement au professeur de dessin élémentaire M. Margaritis. La classe de ce dernier professeur a été dirigée par deux des élèves les plus capables dans la peinture, MM. Chagiogianopoulos et Sytras, qui ont été couronnés plusieurs fois et qui d'ailleurs ont déjà suppléé M. Margaritis, pendant son absence, sous la direction de M. Thirsius. Les travaux des élèves qui ont reçu leurs leçons autant que leurs propres œuvres, que nous avons vues exposées, sont un témoignage certain du zèle avec lequel ils ont rempli les fonctions qui leur ont été confiées. J'ai lieu d'espérer que bientôt nous pourrons jouir des leçons du savant professeur absent. Quand il occupera lui-même cette chaire, alors cesseront, je l'espère, ces plaintes contre l'École qui, s'appuyant sur l'absence du professeur, semblent l'accuser de nuire aux progrès qu'on serait en droit d'espérer. Mais de telles insinuations sont victorieusement réfutées par le spectacle des ouvrages de l'exposition qui vient d'avoir lieu; car heureusement dans les beaux-arts, les œuvres, et non point les paroles, sont des témoignages irrécusables en faveur de la vérité. Et si quelque tort a été causé par l'absence temporaire de M. Thirsius, et la suppléance dont nous avons parlé, il est bien moindre que celui qui aurait pu résulter de son remplacement temporaire par un peintre d'une autre école, d'une autre méthode et d'une autre pratique (1).

L'année passée a été introduit pour la première fois dans l'École, et par son intermédiaire, dans toute la Grèce, l'enseignement si nécessaire de la gravure, qui pour les progrès des arts tient la place de l'imprimerie. L'art de la gravure, dit Algarotti, est contemporain de l'imprimerie et offre les mêmes avantages qu'elle (2); ou plutôt, c'est le moyen par lequel sont propagées partout les beautés de la peinture et de la sculpture, et en général tout ce qui concerne les arts d'imitation. Cet enseignement, donné par le laborieux et savant professeur et moine Agathaggellos,

(1) Voici les paroles par lesquelles le divin Platon nous apprend avec quelle circonspection nous devons choisir les professeurs, et surtout les professeurs des beaux-arts (Πολ. βι6, γ' σελ· 77) : « Il faut surveiller les autres directeurs de la jeunesse et leur interdire toute habitude mauvaise, tout excès et toute action indigne et honteuse, et il ne faut pas permettre à celui qui serait tel de diriger la jeunesse, dans la crainte que nos chefs nourris pour ainsi dire de mauvais exemples ne.... Mais voici les professeurs qu'il faut choisir : ce sont ceux qui peuvent heureusement poursuivre le beau et l'honnête; afin que les jeunes gens soient aidés par tout ce qui les environne, et que rien de mauvais ne venant frapper leurs yeux ou leurs oreilles, ils jouissent pour ainsi dire des douceurs d'un bon climat.

(2) Algarotti. *Oper. scelte. Saggio sopr. la pittura*, vol. 1, Mil. 1823, p. 135 :

« L'arte del intaglio à coetanea et ha i medesimi vantaggi nè piu nè meno delle stampa; per cui le opere d'ingegno si vengono a moltiplicare a un tratto e a spargere così facilmente da luogo a luogo. »

a produit déjà des fruits qui semblent annoncer d'une
manière certaine les progrès de la gravure. C'est avec
joie que j'annonce que le professeur d'anatomie ap-
pliquée au dessin et le professeur de technologie ap-
pliquée à la chimie ont été nommés professeurs titu-
laires de l'École, avec les appointements qui sont at-
tachés à ce titre, et que de cette manière on a satisfait pour le présent à la plupart des besoins de l'enseignement des arts. En même temps je reconnaîtrai
que les chaires didactiques sont maintenant convenablement établies, et de plus, que le ministre y a ajouté
une chaire de sténographie, occupée par M. Mindler,
cette science étant considérée comme très-utile à la
reproduction fidèle des discours prononcés dans les
assemblées délibérantes.

A la somme d'argent fournie pour l'entretien des
élèves il a été ajouté un petit supplément de 90 drachmes pour les prix de décors des théâtres et de gravure,
dont les premiers essais ont été exposés aujourd'hui.

La prévoyance sage et zélée que le ministère a toujours manifestée pour notre École, nous donne l'espoir que, dans peu de temps, les autres besoins pres-
sants de l'École seront également satisfaits. Nous
espérons donc que cet édifice, qui est une propriété
nationale, sera réparé le plus tôt possible, et que jusqu'à ce qu'on ait édifié le magnifique édifice destiné à
l'enseignement des arts, on construira provisoirement
une autre salle, semblable et symétrique à celle-ci,
pour y déposer et y conserver convenablement les
précieux modèles en plâtre donnés à l'École, et pour

servir, dans les expositions annuelles, à y ranger les
œuvres exposées ;

Que la salle dans laquelle on enseigne le dessin
académique et qui menace ruine, sera réparée convé-
nablement ;

Que les honoraires des professeurs de cette École
seront fixés en proportion de ceux des professeurs
des autres établissements ; car c'est par les honoraires
que l'on apprécie la protection et l'estime qu'on a
pour les arts ;

Qu'on choisira, par la voie légale d'un concours
régulier et non plus par la faveur, les jeunes élèves
qu'on enverra dans l'Europe occidentale et surtout à
Rome pour s'y perfectionner, et en même temps faire
honneur au pays qui les y a envoyés : car c'est du
mérite des jeunes artistes qui vont étudier dans les
pays étrangers que dépend la réputation bonne ou
mauvaise de l'art moderne de la Grèce, la renommée
de l'école où il convient de les choisir, et la gloire de
notre pays même ; qu'il sera pourvu par l'État à une
répartition des travaux qu'il a à faire exécuter, entre
les plus capables artistes qui ont achevé régulièrement
leurs études, comme cela se pratique chez les nations
où les arts sont protégés et en honneur ; qu'on accor-
dera, au moins, quelques fonds, à titre de récompense
et d'encouragement, aux adeptes de l'art musical,
regardé par les anciens philosophes comme indispen-
sable à une bonne éducation ;

Qu'on votera aussi d'autres fonds pour encourager
et récompenser les exposants, en éveillant l'émulation et en les indemnisant des frais qu'ils ont faits

pour l'exécution de leurs travaux. Comme presque
les trois quarts des élèves qui viennent dans cette
École fréquentent les établissements qui sont sous la
juridiction immédiate du ministre de l'instruction publique, je solliciterai encore la protection et l'appui
du ministre, qui sait accueillir les belles idées, pour
tâcher tout spécialement de former de jeunes artistes
accomplis, surtout en architecture, selon les préceptes que j'ai cités l'année dernière et qui nous ont été
laissés par Vitruve, de Rome, de se garder contre le
demi-savoir et la présomption, car l'architecture est
la mère de tous les autres arts, et est plus nécessaire
en Grèce que partout ailleurs. Il est donc important,
afin de rendre complète l'éducation de la jeunesse et
la perfection de ceux qui se livrent à cet art libéral;
il est nécessaire, dis-je, de s'occuper de ce qui regarde
cet art si noble, qui s'appuie sur le savoir et s'éclaire
des lumières de la philosophie.

Je viens encore m'acquitter envers les généreux
bienfaiteurs et protecteurs de notreÉcole, qu'a guidés
l'amour des Beaux-arts, d'un tribut sacré, celui de la
reconnaissance, en publiant leurs noms et en leur ex-
primant ici toute ma gratitude. Et d'abord c'est avec
une profonde émotion que je rappelle le nom de l'excellent et généreux Michel Tossitza, que la mort
nous a enlevé, il y a quelque temps, et qui par ses
largesses et ses libéralités se montra le digne imita-
teur de son généreux neveux Nicolas Stournari, en lé-
guant à l'École des Arts, pour la construction d'un
magnifique et superbe édifice, plus de 600 mille
drachmes. Un tel acte de générosité et de patriotisme

de la part de l'illustre Tossitza, en faveur des progrès
des arts en Grèce, remplit d'émotion tout cœur hellénique, et c'est avec justice que chacun de nous doit
garder dans son cœur une impérissable reconnaissance envers ce digne citoyen; car, non-seulement
par une offrande si généreuse, faite pour la construction d'un superbe édifice, rival de celui de l'Université, il a satisfait au plus pressant besoin des arts;
mais encore il a prouvé par là au monde éclairé que
la pensée et le vœu constant d'un Grec sont de faire
briller encore sur sa patrie cette auréole de gloire qui
s'est éteinte sous le souffle de la tyrannie. Aussi dès
aujourd'hui, l'érection d'une statue en l'honneur de
M. Tossitza, le généreux protecteur des art , est l'objet du vœu général; elle sera placée en face de celle
du premier fondateur, dans le vestibule de la future
et magnifique École des Arts, et portera à sa base la
même inscription que celle du patriote Nicolas Stournari :

« LA PATRIE RECONNAISSANTE. »

(Ἡ πατρίς εὐγνωμονοῦσα.)

Après cette généreuse offrande de l'illustre Tossitza, je parlerai encore des dons que d'autres protecteurs des arts ont faits à l'École, pour nous acquitter
envers eux de notre dette de reconnaissance. C'est avec
bonheur que je cite en première ligne le présent précieux pour les progrès des arts que la France nous a
envoyé il y a quelque temps, prenant soin ainsi de
perfectionner et de propager l'instruction dans la
Grèce, dont elle s'est toujours montrée l'amie la plus

sincère ; je veux parler d'une collection de moules en plâtre des reliefs du Parthénon qui se trouvent à Paris, sans doute pour compléter la collection de ceux qui nous ont été envoyés d'Angleterre il y a quelques années, parmi lesquels on trouve quatre urnes funéraires, la belle statue de Britannicus, et le moule de la statue si célèbre de la Vénus de Milo, que l'on croit être l'œuvre originale de Polyclite, regardée comme la plus parfaite des statues de la déesse de la Beauté qu'on ait conservées, et représentant la déesse se mirant et faisant sa toilette. Cet envoi, en augmentant le petit musée des modèles de l'École, est un nouveau trésor pour l'étude de la sculpture en Grèce, et pour nous un sujet de croire à la réunion si désirée de toutes les copies appartenant à l'École de la Grèce, lesquelles rassemblées ici, étudiées dans leur ordre chronologique, éclairées par le soleil pur et brillant de la Grèce, feront faire un nouveau pas dans la voie du progrès à la sculpture hellénique qui aura pour modèles les œuvres sorties de la main de nos ancêtres. La grande et industrielle Angleterre a fait aussi un don bien précieux à notre École, celui de huit volumes, magnifiquement reliés et contenant la reproduction par la gravure des ouvrages de la grande exposition de Londres, et d'un casier contenant un choix de toutes les médailles frappées à cette époque pour récompenser les exposants. Ce précieux ouvrage dont on nous a fait hommage, non-seulement fixera toujours l'époque où l'amour des arts régnait chez la génération par laquelle il a été rédigé, mais il sert encore à prouver les progrès qu'elle a faits et le culte qu'elle rend à ce qui est beau,

M. Lapière (fils de l'ancien et très-habile drogman de l'ambassade de France à Constantinople), grand propriétaire en Grèce, a fait don à la bibliothèque de quarante-huit volumes de mathématiques.

M. Charles Laurent, mécanicien français, nous a offert trois ouvrages sur l'art de creuser les puits.

A la prière de M. Evangelides, on a envoyé d'Amérique un fourneau pour fondre les métaux.

Tous ces dons ont été faits à l'École dans le courant de la dernière année. Je suis fâché de ne pouvoir faire une énumération de semblables dons à l'École, de la part de nos riches compatriotes établis à l'étranger, qui se sont montrés d'ailleurs si généreux et si libéraux pour tout ce qui concerne l'instruction en Grèce et ses différents besoins. Et comme dit le sage Émeric David (*Recherc. sur l'art statuaire.* Paris, 105-107) : « Il semble, dans l'opinion commune, que le « commerce et les beaux-arts soient inséparables. « On voit cependant, en étudiant l'histoire des villes « commerçantes les plus célèbres, que ces deux « sources de richesses ne se trouvèrent pas toujours « réunies. Le commerce, lorsqu'on l'abandonne à ses « propres inclinations, cultive peu les beaux-arts ; « on dirait même qu'il ignore les bienfaits qu'il en « reçoit. Des combinaisons trop importantes atta- « chent l'esprit du commerçant pour qu'il ait le loisir « de s'en occuper. Entouré de matières brutes, ce n'est « pas toujours sans quelques efforts que son génie « s'élève vers les régions supérieures... Les arts ne

« prospèrent donc pas dans un État commerçant, par
« le seul effet du vœu et des lumières des hommes
« créant le commerce. Il faut au contraire, pour les
« y établir, une vigilance et des soins particuliers du
« législateur, qui souvent sont en opposition avec
« l'esprit général... Les arts, disaient ces philosophes
« (grecs), seront donc nécessaires dans les pays com-
« merçants, non-seulement sous le rapport des ma-
« nufactures, pour éclairer et diriger le goût, mais
« sous un rapport moral aussi, pour faire vivre l'a-
« mour de la vertu, et pour réchauffer le patrio-
« tisme... Ils contribueront à faire naître et à nourrir
« l'orgueil national; ils feront aimer la patrie par l'at-
« trait de la gloire; ils mettront des passions géné-
« reuses à la place de la cupidité. »

Comme mon discours avait pour principal objet,
non-seulement de parler des concours, mais en général de faire connaître les conditions les plus nécessaires aux progrès des jeunes artistes dans notre
pays, je ne penserais pas avoir atteint mon but si,
avant de descendre de cette tribune, je ne mention-
nais ici une circonstance du plus célèbre concours
que l'histoire des arts nous transmet comme un
bel exemple pour la génération actuelle.

Les magistrats de Florence voulurent en l'an 1401
faire exécuter en bronze deux des portes du temple de
Jean-Baptiste (dont une, 80 ans auparavant, avait
été exécutée par Andrea de Pise) avec des ornements
en relief. Désirant que cette œuvre fût le chef-d'œuvre de ce siècle, ils établirent un concours auquel les
artistes les plus distingués et les plus illustres de tous

les pays prirent part. On en choisit sept d'entre eux comme les plus habiles, à savoir : Brunélesco, Donatello, Ghiberti, tous trois de Florence ; Jacob de la Couercios de Sienne, Nicolas d'Aretée, Francisque de Balteusbrine, et Simon de Collis. La république leur accorda une égale indemnité pendant un an, après lequel chacun d'eux devait présenter un modèle en bronze égal en grandeur à ceux qui devaient composer les portes à orner. Le sujet des sculptures était le sacrifice d'Abraham. Quand l'époque fixée pour décider du mérite des artistes fut arrivée, tous les artistes de l'Italie furent appelés à Florence une seconde fois. Trente-quatre d'entre eux furent choisis pour être juges. Chacun de ces artistes excellait dans son art. Les ouvrages des sept candidats furent exposés. Trois furent signalés comme supérieurs, ceux de Brunelesco, de Donatello et de Ghiberti ; mais les juges hésitaient encore pour savoir auquel des trois ils donneraient le prix. Alors Brunelesco et Donatello confessèrent d'un commun accord la supériorité de l'œuvre de Ghiberti, leur compétiteur. S'étant donc présentés au conseil de Florence, ils lui dirent : « Citoyens, nous vous « avouons qu'à notre avis, Ghibert nous a surpassés. Il « doit donc nous être préféré, car son œuvre doit faire « rejaillir plus de gloire sur la patrie que les nôtres. En « cachant notre opinion, nous aurions moins de gloire « qu'en la faisant connaître. » « Quels hommes ! Quels temps ! » s'écrie avec enthousiasme Vassari, le biographe de Ghiberti. « Moyen puissant d'inspirer l'amour de la vraie gloire, et admirable abnégation des concurrents pour la vérité ! » ajoute l'illustre Emeric David,

étonné de la grandeur d'âme de Brunelesco et de la
vertu de Donatello.

Ces deux illustres artistes, l'architecte Brunelesco
qui attirait sur lui tous les regards, dont les œuvres ont marqué l'époque de la renaissance des arts,
et le célèbre et habile Donatello, dont les travaux
peuvent soutenir le parallèle avec ceux des anciens,
tous deux si jaloux de la gloire de leur patrie, ont
cependant avoué qu'ils avaient été surpassés, sans
crainte pour leur honneur et leur réputation ; mais
ils se réjouirent de voir leur patrie s'enrichir de
ces deux admirables portiques, à la décoration des-
quels l'artiste passa vingt-deux ans (1), et qui ont
fait dire à Michel-Ange « qu'ils étaient si beaux qu'ils
méritaient d'être placés à la porte du Paradis (2). »
Ce triomphe n'éclipsa en rien la gloire des concurrents. Le grand Phidias lui-même échoua dans un concours avec Polyclite, où il s'agissait d'élever une statue
en l'honneur de Diane, dans le temple de la déesse, à
Ephèse. L'illustre peintre David, le grand réforma-
teur, pour ainsi dire, de la peinture en France, peintre
particulier du grand Napoléon, échoua cinq fois dans
le concours qu'avait établi Louis XIV pour le choix
des artistes qu'on devait envoyer afin d'étudier l'art

(1) Vassari, *Vit. di Ghiberti. Not.* « Daricordi si ricava che
le porte furono consciate ne l 1402, e terminate nel 1424,
e questo é il piu probabile che fossero inspiegati in questas
opera 22 anni enon 40. »

(2) Vassari, *Vit. di Ghib.* — Id. *Vit. di Mich. Bonarotti.* « Elle
son tanto belle c'h elle stabrebbon bene alla porte del Pa-
radiso. »

à Rome, l'antique et la nouvelle mère des arts. Et tant d'illustres artistes dont on pourrait rappeler un premier échec.

Ni les revers ne doivent décourager, ni la victoire ne doit enfler le cœur. Que le succès ou la défaite donne une nouvelle énergie aux rivaux, l'un pour obtenir un succès prochain, et l'autre pour conserver une supériorité qui ne se démente pas! Que les artistes malheureux se rappellent ces paroles mémorables du général anglais lord Raglan, ce courageux et noble vieillard, qui dit lors d'une première attaque malheureuse contre cette nouvelle Ilion réputée imprenable : « Nous avons reculé d'un pas aujourd'hui, c'est pour mieux sauter demain. »

Amis, l'arène de la lutte artistique vient de s'ouvrir, grâce à M. Contostaulos! d'autres certainement jetteront les yeux sur nos jeunes artistes. Ne nous laissons point effrayer par les difficultés, à la vue de notre pauvreté ; la fortune n'a pas seule le don d'enfanter des artistes. Ne pensons pas comme le vulgaire que Périclès, Alexandre, Léon X, n'ont pu faire naître des artistes qu'à grands frais. Ce n'est pas la richesse qui, chez nos ancêtres, a produit ces œuvres magnifiques ; c'est à ces tableaux admirables, à ces statues merveilleuses et à ces immortels monuments, que la Grèce a dû sa richesse, sa gloire passée et sa gloire actuelle, quoique le temps les ait outragés. Si quelques-unes de nos villes, à certaines époques, ont eu des richesses, comme Corinthe, la plupart n'étaient pas dans l'abondance, pour ne citer qu'Argos, Sicyon, Ægine et Athènes même, qui cependant remplirent toute la Grèce des images des héros et des dieux (1).

Pour créer d'habiles artistes, il n'est pas besoin d'immenses trésors, de sommes énormes : des sommes légères, une protection éclairée et accordée avec mesure peuvent suffire à la régénération et à l'essor de l'art. L'économie peut merveilleusement s'allier avec le sentiment du beau (2). Cela nous a été suffisamment prouvé par l'ancien roi de Bavière Louis, ami des arts, qui nous enseigna à faire de grandes et brillantes choses avec peu de dépenses. Nous pouvons encore nous convaincre de cette vérité par l'exemple des deux illustres et habiles nations française et anglaise, qui par des souscriptions et des dons, créèrent dans leurs villes les plus belles statues et les monuments les plus grandioses. Marchons sur leurs traces, nous qui adoptons leur civilisation, et employons les mêmes moyens pour continuer l'œuvre glorieuse commencée par nos ancêtres. Ce *Berger*, premier chef-d'œuvre de l'intelligence grecque, peut, au moyen d'une somme de 1,000 thalers, embellir une de nos promenades publiques. Y aurait-il un seul Grec qui ne s'empressât de contribuer par une modique somme à l'érection de ce premier témoignage du génie grec, alors surtout qu'il peut contribuer à

(1) M. P. Montabert, tom. II chap. XXXIV, pag. 203 : « Les richesses des Grecs n'enfantèrent point de merveilles ; ce furent plutôt leurs belles statues et leurs admirables tableaux qui produisirent leurs richesses : et si quelques villes, etc. »

(2) *Recherches sur l'art statuaire* (E. David), p. 540.

détruire toute mauvaise et injuste opinion de notre
pays. « Il est triste, dit M. Dambly (1) (qui d'ail-
« leurs est un grand admirateur des artistes de l'art
« antique), il est triste de penser que l'art grec n'a pu
« naître qu'en Grèce ; cette opinion d'ailleurs a l'his-
« toire contre elle, elle a contre elle *la stérilité du*
« *génie des Grecs d'aujonrd'hui, qui vivent cependant*
« sous le même soleil. »

A une semblable prévention opposons donc les deux
œuvres couronnées qui ont en leur faveur l'opinion la
plus favorable des artistes étrangers, appelés à faire
partie du jury du concours. Ces œuvres, a dit l'un
d'eux, exécutées par les jeunes Phytalis, pour le présent concours, plaideront mieux dans les salons de
Paris, par leur silence, la cause de la Grèce et de ses
arts renaissants, que tous les discours des plus habiles écrivains. C'est pourquoi si chacun de nous veut
sacrifier une modeste somme pour aider à exécuter en
marbre la statue qui a emporté le prix et à la faire
placer sur les promenades publiques, il contribuera
énergiquement au succès de l'art de la sculpture qui
se perfectionne plus sur les places publiques que dans
le secret des salons des amateurs.

En exposant publiquement la statue exécutée par
le premier lauréat de notre École moderne, on mon-
trera à tous les amis de la Grèce que, si le génie grec
a succombé pendant un temps sous le joug de la tyrannie et de la barbarie, il se relève aujourd'hui pur et

(1) Paul Boiteau d'Ambly (*Moniteur universel*, 19 jar-
vier 1855, n° 19).

libre ; qu'il promet de grandes choses sous l'égide de notre auguste souverain, protecteur, gardien et guide royal de notre régénération. Maintenant, jeunes vainqueurs, approchez avec respect, pour recevoir le prix institué par M. Contostaulos, des mains de notre auguste monarque, en criant : Vive le Roi ! vive la Reine, pour la gloire et la prospérité de notre chère patrie ! ! !

Paris. — De Soye et Bouchet, imprimeurs, 2, place du Panthéon.

www.ingramcontent.com/pod-product-compliance
Ingram Content Group UK Ltd.
Pitfield, Milton Keynes, MK11 3LW, UK
UKHW020040100726
13658UKWH00003B/1436